AF509804

LES FACULTÉS

DE

THÉOLOGIE

DE FRANCE

PAR

L'ABBÉ E.-A. BLAMPIGNON

CHANOINE HONORAIRE, DOCTEUR EN THÉOLOGIE ET DOCTEUR ÈS LETTRES,
ANCIEN PROFESSEUR A L'ÉCOLE DES CARMES,
AUMONIER DU LYCÉE DE VANVES.

PARIS

CHARLES DOUNIOL ET Cⁱᵉ, LIBRAIRES-ÉDITEURS

29, RUE DE TOURNON, 29

1872

LES

FACULTÉS DE THÉOLOGIE

DE FRANCE

PAR

L'ABBÉ E.-A. BLAMPIGNON

CHANOINE HONORAIRE, DOCTEUR EN THÉOLOGIE ET DOCTEUR ÈS LETTRES,
ANCIEN PROFESSEUR A L'ÉCOLE DES CARMES,
AUMÔNIER DU LYCÉE DE VANVES.

PARIS

LIBRAIRIE DE CHARLES DOUNIOL ET CIE, ÉDITEURS
29, RUE DE TOURNON, 29

1872

LES

FACULTÉS DE THÉOLOGIE

DE FRANCE

En travaillant et en faisant travailler
les autres.
(*Discours d'ouverture* de Mgr l'évêque
de Sura, 1854, p. 8.)

Les auditeurs ecclésiastiques et laïques qui affluent aux cours de
la Faculté de théologie de Paris ; les membres du clergé qui en ont
conquis les grades par des travaux considérables et persévérants ;
par-dessus tout enfin les nombreux prélats qui ont illustré les chaires
de la Sorbonne théologique avant de monter sur leurs siéges épisco-
paux, ont eu lieu d'être étrangement surpris en lisant la brochure
récemment éditée sous le titre de *l'Enseignement supérieur de la théologie en France*. Elle a pour auteur M. Delarc, aumônier de l'hôpital
Cochin. Le but évident de cet écrit est de s'élever contre une institution qui rend cependant à l'Église et à la science de précieux
services.

Or de deux choses l'une :

Ou M. Delarc a voulu montrer combien est désirable l'érection ca nonique de nos facultés, ou il a simplement prétendu contester leur importance ou leur utilité pratique.

Si M. Delarc s'est proposé uniquement de dire qu'on doit souhaiter que le saint-siége reconnaisse officiellement les facultés de théologie, sa démonstration ne peut être tout au plus considérée que comme un véritable hors-d'œuvre, une pure et singulière superfluité ; car les voix les plus autorisées, notamment les archevêques de Paris, et Mgr Maret, évêque de Sura, doyen de la Faculté de Paris, ne cessent de proclamer hautement, solennellement, leur ardent désir d'une institution régulière et pontificale ; et même, non contents de parler, ils ont activement agi dans ce sens à plusieurs reprises.

Si au contraire, comme il est beaucoup plus probable, M. Delarc a essayé de diminuer la portée religieuse et scientifique des Facultés, son livre se montre alors souverainement injuste et tristement inopportun ; car les facultés, surtout la Faculté de Paris, ont une heureuse et forte influence, étant d'un profit constant et pour la science, et pour le clergé, et pour la jeunesse studieuse des grandes écoles laïques. Rien même, dans la situation actuelle de la société, ne saurait les remplacer.

C'est ce que nous allons essayer de prouver dans ce rapide mémoire, voulant non-seulement répondre aux récriminations d'un auteur qui, hélas ! a si mal choisi l'heure de l'attaque, mais surtout rendre un humble et sincère hommage au savoir fécond et dévoué de nos maîtres, dont beaucoup sont devenus nos pères et nos juges dans la foi.

I

Avec tant d'autres antiques et précieuses fondations, la tempête révolutionnaire emporta les écoles de théologie; et la plus célèbre de toutes, l'école de saint Thomas d'Aquin, de Gerson et de Bossuet, l'École de Paris, en un mot, disparut ainsi que le reste. Mais du moins la Faculté lutta jusqu'au bout avec honneur; sa condamnation des livres impies, immoraux ou antisociaux du dix-huitième siècle, et principalement son jugement sur l'*Émile* de Rousseau, sont des monuments de la critique la plus sage et la plus hautement prévoyante. On peut voir dans la continuation du Bullaire romain le prix que les souverains pontifes attachaient aux censures de la Sorbonne. Enfin tous les professeurs de Sorbonne et de Navarre, sans exception, refusèrent de prêter serment à la constitution civile du clergé, défendant ainsi les droits du pape, au risque manifeste de leur vie.

L'ancienne Université de Paris comptait quatre facultés : la théologie, le droit, la médecine et les arts. Le recteur, ou chef de l'Université, était tiré de la faculté des arts; mais la théologie marchait à la tête de toutes les autres facultés. Il y avait deux officiers du pape dans l'Université, qui donnaient la bénédiction apostolique avec le pouvoir d'enseigner à Paris et partout ailleurs [1].

La faculté de théologie se composait de tous ses docteurs séculiers ou réguliers. Les assemblées avaient lieu dans la grande salle de la Sorbonne, sous la présidence du doyen, qui était le plus ancien des docteurs séculiers résidant à Paris.

En 1790, il y avait en Sorbonne sept professeurs de théologie, dont six habitaient la maison même; le septième, M. de la Hogue, censeur royal et promoteur métropolitain, demeurait à Saint-Honoré, où il était chanoine.

Le collège de Navarre comprenait plusieurs communautés, dont deux de théologie, celle des bacheliers et celle des docteurs. Il y avait à Navarre quatre professeurs de théologie [2].

---

[1] Ces deux officiers pontificaux étaient le chancelier de Notre-Dame et le chancelier de Sainte-Geneviève.

[2] Cf., sur l'ancienne Université de Paris, les savants travaux de M. Charles Jourdain, l'*Index chartarum*, in-folio, et l'*Histoire de l'Université de Paris au dix-septième et dix-huitième siècle*, in-folio.

Lorsque l'Église de France essaya de se relever de ses ruines, elle ne put immédiatement rétablir toutes les institutions qui lui tenaient au cœur, comme les officialités et la plupart des congrégations. Les facultés de théologie ne furent pas d'abord réédifiées. Cependant, le 17 avril 1808, en reconstituant l'Université, le chef de l'État consentit à les laisser revivre, mais non pas pleinement. Du moins le clergé fit-il tout ce qu'il put, tout ce que permettaient la rigueur des temps et l'autorité jalouse du gouvernement. A Paris, on rechercha les vénérables débris de la Sorbonne pour ressouder la chaine brisée et renouer la nouvelle école à l'ancienne. On croyait ainsi reprendre la tradition. Ces maîtres respectés, usés par l'âge, l'étude et les épreuves de la Révolution, donnaient leurs leçons en latin, sans trop songer à la collation des grades[1]. Le moment, en effet, n'était guère propice à l'érudition sacrée. Le premier doyen fut M. Dièche, ancien professeur de Sorbonne; et nous retrouvons parmi les premiers maîtres le pieux et courageux M. de la Hogue qui, après avoir couru les plus grands dangers, avait pu échapper à la Terreur. On s'établit d'abord rue du Pot-de-Fer, au noviciat des jésuites, puis dans l'ancien collége Duplessis; et enfin la Faculté obtint une petite place dans cette antique maison de Sorbonne que vingt ans auparavant elle remplissait tout entière, ce qu'elle regarda comme un grand bonheur et comme une vraie restauration. Les trois premiers successeurs de M. Dièche, MM. Burnier-Fontanel, Mercier et Guillon, appartenaient aussi à l'ancienne Faculté. Le souverain pontife, qui estimait le zèle et la doctrine de M. Burnier, lui donna des marques particulières de sa bienveillance, en le nommant protonotaire apostolique. Pie VII alla plus loin, assure-t-on, et daigna reconnaître la Faculté que M. Burnier représentait si dignement, la regardant comme la continuation de l'antique Sorbonne[2]. Peu à peu, les efforts, sans cesse renouvelés, obtiennent des résultats importants. Le clergé n'oublie pas les solides travaux de M. Guillon, évêque de Maroc, ni les recherches curieuses du respectable M. Frère-Colonna, ni la sagesse des écrits de M. Receveur.

Vers la même époque, M. Glaire professait; et on sait qu'il a rendu

[1] Le programme des cours de 1813, rédigé en latin, est donné par l'*Annuaire de l'Université*, 1813, p. 12.

[2] M. Burnier était aussi directeur du séminaire des Irlandais, où il demeurait. Il mourut en 1827. M. Victor Cousin a plus d'une fois fait l'éloge de ce savant et digne ecclésiastique. Et puisque M. Delarc a invoqué le nom de M. Cousin, qu'il me soit permis de dire ici que j'ai souvent entendu l'illustre philosophe célébrer, avec cet enthousiasme qu'on lui connaissait, le talent et la science des professeurs de la Faculté. Au reste, l'État et l'Église, le clergé et l'Université ont toujours témoigné une sympathique bienveillance à la Sorbonne théologique.

à la philologie sacrée et à la science biblique des services réels
et multipliés. Les archevêques de Paris voyaient avec joie cette
heureuse renaissance de la Sorbonne ecclésiastique, et, en particulier, M. de Quélen donna des marques de sa profonde sympathie à
la Faculté, qui en garde dans ses archives le précieux et authentique
témoignage.

Bientôt allait pour la Faculté de Paris s'ouvrir une ère plus rem-
plie d'activité et de notoriété. Trois professeurs (tous depuis évêques), MM. Cœur, Maret et Dupanloup, donnèrent à la Sorbonne une
vie toute nouvelle, en rapport avec le dix-neuvième siècle, entrant
en lice avec les Guizot, les Villemain et les Cousin, et rivalisant avec
eux d'art et d'éloquence. Mgr Affre, de sainte et héroïque mémoire,
avait su distinguer le zèle, le dévouement et le savoir de ces trois
jeunes membres du clergé parisien. Ce fut dès lors que la Faculté
commence à émettre plus hautement le vœu d'une organisation canonique.

A Mgr Maret revient l'honneur du premier mémoire sur ce point
important. Il est daté de 1845 et adressé à Mgr Affre. Il fut publié
le 27 août 1848 dans *l'Ère nouvelle* (n° 152), qui comptait, avec
M. Maret, pour principaux rédacteurs et fondateurs, Lacordaire et
Ozanam. On se demande comment il peut se faire que M. Delarc ait
négligé une pièce si considérable ; s'il l'eût consultée, il se fût convaincu de la parfaite inutilité de son écrit. Mgr Affre, adoptant le
mémoire de M. Maret, l'envoya aux cinq archevêques qui ont, dans
leurs diocèses, une faculté de théologie, c'est-à-dire aux archevêques
d'Aix, de Bordeaux, de Lyon, de Toulouse et de Rouen. Or le savant
auteur y montre pertinemment combien il serait heureux pour l'Église
de France de voir ses facultés authentiquement reconnues par le
Père commun de la catholicité. « Il faut, s'écriait Mgr Maret, *il faut
demander au saint-siége l'institution canonique des facultés de théologie.* »

En 1854 commence le fécond, et, disons le mot, glorieux décanat
de Mgr Maret. Ce qu'il avait écrit en 1845, ce qu'il avait publié en
1848, il le répète dès son premier discours d'ouverture. Le 4 mars
1854, en présence d'une brillante et nombreuse réunion, devant
l'archevêque de Paris et son clergé, en face de l'Institut et de l'Université, le nouveau doyen se hâte de proclamer solennellement les
vœux qu'il forme pour l'organisation régulière de sa Faculté, s'exprimant ainsi : « Dans cet appel à l'autorité nécessaire du saint-siége,
en remplissant le plus simple devoir du prêtre, nous obéissons à
l'impulsion de nos cœurs. Le pontife suprême trouvera toujours en
nous des enfants soumis, et nous serons toujours parmi les défen-
seurs de ses droits et de ses prérogatives... C'est donc de cette auto-

rité du pontife souverain, qui aura toujours notre amour et notre
obéissance, que nous attendons la régénération de nos facultés de
théologie[1]. » Plusieurs fois, Mgr l'évêque de Sura réitéra cet appel et
ce vœu. Ainsi, le 6 janvier 1862, à la séance d'ouverture, devant le
pieux cardinal Morlot, il s'écriait avec la plus noble et la plus tou-
chante effusion de cœur : « Puisse le témoignage de notre vénéra-
tion et de notre amour monter jusqu'au pontife suprême ! Et lui aussi
puisse-t-il un jour répandre sur notre Faculté cette bénédiction apostolique dont nous avons toujours proclamé la nécessité, que nous
avons toujours désirée, toujours demandée, toujours recherchée, et
qui sera, nous l'espérons, le couronnement de nos travaux[2] ! » A la
rentrée de l'année suivante, un professeur de la Faculté, maintenant évêque, M. Freppel, en réclamant, lui aussi, cette bénédiction
suprême, et en s'adressant à son révéré doyen, déclarait avec raison
que non-seulement Mgr de Sura avait désiré, mais qu'il avait agi :
« C'est, Monseigneur, le vœu que vous émettiez l'an dernier en présence de l'éminent prélat de qui nous tenons la mission d'enseigner
la science sacrée ; et je suis heureux de pouvoir rappeler devant cette
honorable assemblée que vous n'avez rien négligé pour en hâter l'ac-
complissement[3]. »

M. Freppel n'était que juste : en effet, plus d'une fois Mgr l'évêque
de Sura des paroles était passé aux actes. Comme Mgr Affre, dont il
devait partager le martyre, Mgr Darboy s'associait aux aspirations
et aux efforts de Mgr Maret. Rien de plus magnifique que l'éloge
qu'il fit de la Faculté, en y mêlant ses vœux, en y exprimant ses espé-
rances d'une institution canonique, et aussi en constatant devant les
représentants officiels de l'instruction publique le chiffre considérable des auditeurs des cours. « Laissez-moi vous redire, messieurs les
professeurs de la faculté de théologie, combien j'applaudis à vos efforts pour le progrès si désirable, si nécessaire des sciences théologiques, et le cas que je fais des grades que vous avez remis en honneur, que vous conférez, et qui sont au moins le signe et la récompense
du savoir, en attendant qu'ils jouissent de tous les priviléges que
l'Église peut leur accorder. Laissez-moi vous dire que je suis heureux du succès de votre enseignement et de voir constater par des
chiffres exacts, officiellement recueillis, le nombre considérable d'auditeurs qui se pressent autour de vos chaires, attirés par la solidité
de la doctrine et par l'attrait de la parole[4]. »

[1] *Discours d'ouverture*, 1854, p. 6 et 7.
[2] *Discours d'ouverture*, 1862, p. 10.
[3] *Discours d'ouverture*, 1862-1863, p. 29.
[4] Séance d'ouverture du 7 décembre 1863. *Discours de Mgr l'archevêque*, pages
52 et 53.

Outre les tentatives faites par Mgr Maret sous l'épiscopat de Mgr Affre, de nouveaux efforts eurent lieu avec Mgr Sibour, lors du ministère de M. de Falloux. Une commission fut nommée pour examiner la question du haut enseignement théologique. Mgr Maret prit une part active aux travaux de la commission et au projet d'organisation canonique. Mais ce projet devait échouer par un vice radical que signalait, avec autant de force que de mesure, Mgr Sibour lui-même. Il fallait un autre plan. Peu de temps après sa nomination au décanat, Mgr Maret présenta, le 6 janvier 1854, à Mgr l'archevêque de Paris, un nouveau mémoire où, après avoir démontré la nécessité des facultés de théologie et la convenance de les laisser toujours à la tête des autres facultés, il proposait son plan de réorganisation.

En voici les chefs principaux : 1° direction de la Faculté par le métropolitain et ses suffragants; 2° institution canonique et approbation des statuts par le saint-siége; 3° valeur canonique des grades que l'on pourrait exiger pour certaines fonctions ecclésiastiques ; 4° nomination des professeurs sur la présentation des évêques, nomination analogue à celle des vicaires généraux, ou plutôt des chanoines et des curés titulaires; 5° établissement près de la Faculté d'un séminaire pour recevoir les jeunes clercs adressés par les évêques ; 6° publicité des cours et création de chaires plus spécialement appropriées aux laïques.

Les suites de ce mémoire furent considérables. Adopté par Mgr Sibour sur les conclusions favorables de la commission, il fut présenté à M. Fortoul, alors ministre de l'instruction publique. M. Fortoul, après y avoir introduit certaines modifications qui tendaient à diminuer l'indépendance des professeurs, envoya le projet à Rome. Le saint-père daigna nommer une commission de cardinaux qui examinèrent le projet proposé. Le résultat de l'examen fut heureux : on adopta le plan, du moins dans ses bases essentielles, et on rédigea un projet de bulle d'institution de la Faculté. Ce projet de bulle fut remis au ministre des affaires étrangères, et par lui communiqué au ministre de l'instruction publique. Il y eut quelques négociations suivies pour cette grave affaire; et le saint-siége s'y montra très-justement jaloux de l'indépendance ecclésiastique des professeurs. Ces négociations retardèrent la marche de l'affaire, qui, cependant, allait aboutir à un résultat aussi heureux que désiré, lorsque la guerre d'Italie, venant à éclater, arrêta tout. Mais le projet de bulle existe dans les cartons du ministère des affaires étrangères; et il sera sans doute le point de départ de la future reconstitution de la Faculté.

Maintenant qu'il est nettement établi que Mgr Maret a sans cesse appelé par ses souhaits ardents et publics une érection régulière, une restauration canonique en forme ; qu'en outre il a lutté avec force et avec persévérance pour l'obtenir, et qu'il est même presque arrivé au but de ses efforts, montrons, pour être juste, que les facultés, telles qu'elles sont aujourd'hui, ont une valeur ecclésiastique, et tout au moins diocésaine :

1° C'est Mgr l'archevêque qui présente à M. le ministre. Il est vrai que c'est le ministre ou le chef de l'État qui nomme. Mais en est-il autrement pour les postes importants du clergé de France, tels que les chanoines, curés de canton, aumôniers de lycée, etc. ?

2° Le programme des cours est approuvé et signé par l'ordinaire ;

3° Aucun ecclésiastique ne peut se présenter aux épreuves sans être nanti de l'autorisation formelle de son propre évêque ;

4° Les séances d'ouverture ont été généralement présidées par Mgr l'archevêque et honorées de la présence d'un grand nombre de prélats et d'ecclésiastiques ;

5° Plusieurs professeurs ont été en même temps vicaires généraux de Paris, comme MM. Dupanloup, Cœur, Maret, Bautain et Meignan ;

6° Le saint-père daigne lui-même accorder une attention bienveillante à nos Facultés et à leurs grades, car, dans les différents brefs de félicitation adressés à Mgr de Sura, S. S. Pie IX lui donne sa qualité de doyen ; et dans les bulles des évêques, comme dans la bulle du dernier professeur préconisé, le titre de docteur est expressément rappelé ;

7° Un grand nombre d'archevêques et d'évêques sont tirés des Facultés de théologie ; la seule Faculté de Paris en a fourni six sous le décanat de Mgr Maret. C'est là qu'ils se sont fait connaître, apprécier, goûter ; évidemment personne n'a jamais douté de leur parfaite orthodoxie ; et quand l'Église et le pays vont si souvent demander des prélats aux facultés de théologie, c'est apparemment rendre à ces facultés le plus noble des hommages.

II

Mais les facultés de théologie, en particulier la Faculté de Paris, sont-elles utiles à la science religieuse, aux lettres chrétiennes, à la défense de la vérité; servent-elles à la haute instruction de la jeunesse ecclésiastique et laïque ?

Quoi, dans cette France, dans ce Paris qui comptent tant d'académies, tant d'écoles, tant de chaires publiques, seule la théologie serait emprisonnée dans les murs des séminaires et réduite à l'enseignement élémentaire et classique ? Le collége de France, les Chartes, la Bibliothèque, l'Institut, le Conservatoire, les diverses facultés, les sociétés savantes parlent à tous, aux élèves, aux curieux, aux doctes, aux jeunes gens, aux hommes faits ; et on étoufferait la voix de la science qui est la mère et la nourrice de la civilisation moderne.

Aucun gouvernement régulier ne l'a voulu. Mais on a avancé que les professeurs de faculté de théologie *ont dû, sous peine d'être complétement abandonnés, se plier aux circonstances, et rester sur le seuil du temple au lieu d'y entrer résolûment*[1]. En vérité, c'est par trop méconnaître les choses dont on veut parler. *Sur le seuil du temple,* un Dupanloup, un Cœur, un Maret, un Freppel, un Perraud, un Hugonin, un Bourret, un Meignan, un Bautain! Quoi donc, M. Cœur n'était-il pas au cœur même et dans les entrailles du sanctuaire, lorsque, en face de M. Michelet, il réfutait, devant un auditoire abondant et surabondant, le brillant utopiste, le paradoxal adversaire du christianisme, et qu'il déroulait, avec une magnifique éloquence, et cette profonde émotion qui semblait répondre à son nom, le grand tableau de *la Cité de Dieu* de saint Augustin? M. Dupanloup, la vaillance, le courage en personne, n'est-il pas resté, je ne dis pas dans ce temple, mais serré contre l'autel, et soutenant le tabernacle du Dieu vivant? M. Maret ne combattait-il pas les vrais et généreux combats du Seigneur quand, avec une ardeur, une sagesse, une opportunité qu'on ne saurait méconnaître sans s'arracher les yeux, il prouvait aux athées et aux panthéistes l'existence du Dieu person-

[1] M. Delarc, p. 21.

nel, aux rationalistes la nécessité de la révélation? ou quand il
exposait à tous les dogmes de la foi? *Sur le seuil du temple!* Était-ce
donc M. Glaire, dont le cours *abrégé* d'Écriture sainte forme, à l'heure
présente, le fond de l'enseignement biblique des séminaires? Serait-ce
M. Lavigerie, qui retraçait si vivement la difficile histoire de l'erreur
janséniste? Ou M. Bautain? Si M. Delarc avait assisté à ses leçons,
il aurait pu y savourer le suc et la moelle même de la morale évangélique présentés avec une grâce et un art charmants. Et MM. Receveur et Jager? Mais leurs histoires ecclésiastiques sont devenues clas-
siques dans les séminaires et les communautés. Le pieux Perreyve
et le pieux Vollot, tous deux, hélas! ravis à la fleur de l'âge,
s'étonneraient de se voir ainsi relégués à la porte de l'édifice sacré. M. Freppel n'a-t-il pas analysé la doctrine des Pères, offert
à ses auditeurs la substance même des Justin, des Irénée, des
Tertullien? M. Meignan, si au fait de la critique allemande et an-
glaise, ne donnait-il pas les traités les plus complets, les plus pro-
fonds, les plus solides, et sur les origines bibliques et sur les Évangiles? M. Jacquemet n'étudiait-il pas ces principes du droit canon,
encore négligés dans plus d'un séminaire? Et M. Hugonin, s'arra-
chant aux Carmes et à Sainte-Geneviève, ne venait-il pas à la Sorbonne
pour transporter ses auditeurs dans les hautes régions de la pure mé-
taphysique chrétienne? Où donc M. l'abbé Delarc veut-il trouver un
enseignement théologique plus sérieux, plus fort, plus nourri, plus
substantiel, et en même temps plus appliqué à suivre les besoins des
temps et les mouvements des diverses sciences? Ce sont là, je pense,
des théologiens, des hommes de doctrine et de mérite. Leurs œuvres
sont imprimées; on peut les consulter; mais il eût fallu les entendre
dans leurs chaires, animés par la parole même et soutenus par la
sympathique attention de leur nombreux auditoire. Il paraît que
l'Église et l'État ont été plus clairvoyants que M. Delarc, car beaucoup
de ces professeurs sont devenus de grands, de zélés, de courageux
et d'éloquents évêques. Je citerai des noms, et comme ils me viennent à la mémoire : Mgr de Salinis, archevêque d'Auch ; Mgr Lyon-
net, archevêque d'Alby; Mgr Lavigerie, archevêque d'Alger; Mgr Guillon, évêque de Maroc; Mgr Cotteret, évêque de Beauvais ; Mgr Fayet,
évêque d'Orléans ; Mgr Pavie, premier évêque d'Alger ; Mgr Cœur,
évêque de Troyes ; Mgr Dupanloup, évêque d'Orléans ; Mgr Sibour,
évêque de Tripoli ; Mgr Maret, évêque de Sura ; Mgr Gerbet, évêque
de Perpignan ; Mgr Ravinet, évêque de Troyes ; Mgr Plantier, évêque
de Nîmes ; Mgr Meignan, évêque de Châlons ; Mgr Hugonin, évêque
de Bayeux ; Mgr Freppel, évêque d'Angers ; Mgr Bourret, évêque de
Rodez; Mgr Duquesnay, évêque de Limoges.

Maintenant, comme autrefois, la Faculté de Paris comprend sept chaires : passons-les toutes en revue avec leurs derniers professeurs ; citons les principaux ouvrages de ces maîtres, et on verra si cette école est stérile.

Doyen : Monseigneur l'évêque de Sura.

ŒUVRES PRINCIPALES DE MONSEIGNEUR DE SURA.

Essai sur le Panthéisme dans les sociétés modernes, 5e édition, 1 volume in-8°. — *Théodicée chrétienne,* 5e édition, 1 volume in-8°. Ouvrage chaleureusement recommandé par Mgr Affre. — *Dignité de la raison humaine et nécessité de la révélation divine,* 1 volume in-8°. Ouvrage honoré d'un Bref de S. S. Pie IX, du 12 juin 1856. — *Défense de ce livre,* in-8°. — *Du concile général et de la paix religieuse,* 2 volumes in-8°. — *Les philosophes et le clergé,* in-8°. — *Amélioration de la discipline ecclésiastique,* in-8°. — *L'anti-christianisme,* 2e édition, in-8°. — *Discours sur l'œuvre du théologien au dix-neuvième siècle.*

Morale évangélique : Le P. Gratry, de l'Oratoire, de l'Académie française, chanoine honoraire de Paris, etc.

OUVRAGES DU P. GRATRY.

Catéchisme social (1848). — *Lettre sur la sophistique contemporaine.* — *Connaissance de Dieu.* — *Logique.* — *Connaissance de l'âme.* — *Sources intellectuelles.* — *Sources morales.* — *Méditations sur la paix.* — *Commentaire sur saint Matthieu.* — *La morale et la loi de l'histoire.* — *Les sophistes et la critique.* — *Jésus-Christ.* — *Henri Perreyve.* — *Petit manuel de critique.* — *Lettres sur la religion* (1867), etc.

Le P. Gratry est suppléé par le P. Méric, aussi de l'Oratoire, connu par deux excellents travaux :

Droit et devoir, in-8°. — *Raison et foi,* in-8°.

Écriture sainte : M. l'abbé Fabre d'Envieu.

ŒUVRES DE M. FABRE D'ENVIEU.

Défense de l'ontologisme, 1862, in-8°. — *Sancti Augustini philosophia,* Andrea Martin collectore, nova editio, 1865, in-8°. — *Réponse aux Lettres d'un sensualiste contre l'ontologisme,* 1864, in-8°. — *Cours de philosophie,* 1865-1867, 2 gros volumes in-8°.

Histoire et discipline ecclésiastique : le P. Adolphe Perraud, de l'Oratoire, ancien élève de l'École normale supérieure.

ÉCRITS DU P. A. PERRAUD.

Études sur l'Irlande contemporaine. — *L'Oratoire de France au dix-neuvième siècle.* — *Notice sur M. Cambier.* — *Le siècle et la Réforme.*

— *L'impartialité historique.* — *Sermons et discours*, dont les plus célèbres sont les oraisons funèbres de Mgr Darboy et du P. Captier, prieur d'Arcueil.

Droit ecclésiastique : Mgr Bourret, licencié en droit, docteur ès lettres, chanoine honoraire de Paris, etc., actuellement évêque de Rodez.

ŒUVRES DE MONSEIGNEUR BOURRET.

De schola Cordubæ, in-8°. — *Étude sur l'École de Séville*, in-8°. — *De l'origine du pouvoir civil*, d'après saint Thomas et Suarez, etc.

Éloquence sacrée : M. l'abbé Loyson, chanoine honoraire de Troyes et de Montpellier.

ŒUVRES DE M. L'ABBÉ LOYSON.

L'Assemblée du clergé de France de 1682, d'après des documents la plupart inédits, 1 gros volume in-8°. — *La Vierge, mère de Dieu*, 1 volume in-18. — *Le sacrement du mariage*, in-8°. — *Le mariage des prêtres*, in-8°. — *Le Carême, d'après les Évangiles*, in-18. — *L'avent, d'après les Évangiles*, in-18. — *Du rôle de la raison dans la théologie*, in-8°.

Langue hébraïque : M. l'abbé Bargès, chanoine honoraire de Paris, du conseil de la Société asiatique depuis 1845.

M. l'abbé Bargès, élève de Dom Gabriel Taouïl, professeur à la chaire d'arabe de Marseille, et de M. Léon Baruch, gradué grand rabbin et ministre officiant à la synagogue de la même ville, fut nommé suppléant à la chaire d'arabe de Marseille en 1857, par ordonnance ministérielle, et sur la recommandation du célèbre orientaliste le baron Silvestre de Sacy, et il a enseigné cette langue pendant près de trois ans, en l'absence du professeur qui avait obtenu un congé pour aller voyager en Orient.

Dans le courant de la même année, il fut nommé membre titulaire de l'Académie des sciences, arts et belles-lettres de Marseille.

En 1839, pendant qu'il était chargé du cours public d'arabe, il entreprit, dans l'intérêt de son enseignement, un voyage en Algérie, d'où il rapporta plusieurs manuscrits arabes dont il a fait connaître depuis au monde savant le contenu et l'importance sous le rapport historique et littéraire.

En 1846, il a fait un second voyage dans le nord de l'Afrique dans le but d'y étudier les mœurs et la langue du pays.

En 1853, il est allé visiter l'Égypte et la Palestine, voyage qui lui a été très-utile pour l'intelligence de la Bible et l'explication des textes sacrés.

Comme orientaliste et hébraïsant, M. Bargès a produit un grand nombre d'ouvrages, de mémoires et de notices, sans compter plusieurs articles d'érudition qu'il a fait paraître dans les journaux consacrés aux études orientales, tels que le *Journal de la Société asiatique de Paris*, la *Revue de l'Orient*, etc., etc.

Apparemment, M. Delarc aurait quelque peine à citer un séminaire, une école ecclésiastique qui, en aussi peu d'années, ait produit autant d'hommes éminents, autant de travailleurs sérieux, autant d'œuvres savantes. Et ces cours où furent donnés pour la première fois ces érudites leçons attirent, chose consolante! des jeunes gens du monde, des élèves des grandes écoles, qui s'en nourrissent, qui y viennent librement, amenés par le seul attrait de l'enseignement catholique. Ainsi séduits, ainsi préparés par ces mâles et fortes études, ils s'empressent dans l'église de la Sorbonne, dont la Faculté fait si fructueusement aussi le service, et qu'a si largement rouverte le zèle infatigable de son doyen. C'est là, au pied de l'autel, qu'on touche le cœur de ceux dont ailleurs on a convaincu l'esprit. Qui ne se rappelle avec attendrissement la foule d'élite qu'y convoquaient l'aimable et sainte parole, la délicieuse onction d'Henry Perreyve? M. Delarc a beau dire. J'en ai peur, tous ces jeunes gens des écoles supérieures, tous ces hommes du monde, n'iraient guère s'asseoir sur les bancs d'un séminaire pour y suivre un enseignement nécessairement classique. Aussi, avec l'organisation canonique, ne devra-t-on pas trop remuer ces chaires, si facilement accessibles à la jeunesse sérieuse, au pied desquelles se dissipent tant de préjugés et se développent tant de grands caractères catholiques. Ces cours où l'art se mêle à l'érudition, non sans profit pour la science même, ceux surtout qui sont plus particulièrement historiques et littéraires, me semblent comme un pont jeté entre le monde et la théologie. Sans ce pont secourable, que d'esprits fussent restés à jamais sur l'autre rive !

Les jeunes prêtres, de leur côté, puisent dans ces leçons une instruction d'autant plus précieuse, qu'ils s'y rendent librement, à leurs heures de loisir, sans nul motif d'intérêt égoïste, sans aucune arrière-pensée possible d'ambition. Beaucoup d'ecclésiastiques de province, venus aux Carmes pour se préparer à la licence ès lettres, demandaient d'assister par surérogation aux cours de la faculté de théologie, accroissant ainsi leurs travaux et sanctifiant des études un peu profanes. J'en demande pardon à M. Delarc; mais enfin cet auditoire de volontaires vaut bien l'auditoire de séminaristes forcés et contraints qu'il rêve comme son idéal. Il est d'abord apparemment plus méritoire au professeur de réunir de tels auditeurs, que d'avoir seulement quelques jeunes clercs venus par devoir. Cela aiguise son talent, anime et récompense ses efforts. Des assistants libres, ayant

pour unique appât le pur désir de la science, sans préoccupation
vulgaire et mesquine, profitent d'autant plus solidement de ce qu'ils
entendent. Et ce qu'ils entendent est plus varié, plus en rapport
avec le mouvement des hommes et des choses, plus approfondi, par
cela même qu'on s'adresse en même temps et à des gens du monde
et à des ecclésiastiques employés dans le ministère paroissial, et
non pas exclusivement aux élèves inexpérimentés des séminaires.
Qu'y a-t-il, au reste, de plus capable d'enflammer l'âme, que de se
dire qu'il faut se créer un auditoire par la seule contrainte morale
de la doctrine et du savoir? Ces paroles ne tendent pas cependant à
exclure de l'auditoire des facultés des élèves obligés. Bien loin de
là, nous croyons que la présence d'élèves ecclésiastiques attitrés
est une des conditions de la régénération de nos facultés. Seulement nous pensons qu'on ne devra jamais en interdire l'accès aux
auditeurs libres, soit ecclésiastiques, soit laïques.

Sans doute, quelques cours spéciaux et techniques seront toujours
peu fréquentés. Il faut même qu'il en soit ainsi. J'ai souvent entendu
dire aux plus érudits professeurs de la Bibliothèque et du Collége de
France qu'ils n'avaient besoin que de quelques disciples, pourvu
qu'ils fussent capables et persévérants. Il est évident en effet que le
sanscrit, par exemple, ou la paléographie grecque demandent des
goûts et des aptitudes fort rares, et que d'ailleurs un chiffre peu
considérable de savants en de telles spécialités, s'ils sont de premier
ordre, suffit à l'honneur et aux besoins d'un pays.

Cependant il faut avouer que la philologie sacrée, que les études
bibliques, devraient être plus approfondies parmi nous. Que de fois
j'ai souhaité de voir se former à Jérusalem même une petite école
hébraïsante! Quelques jeunes ecclésiastiques de zèle et de désinté-
ressement avec deux bons directeurs suffiraient. *La petite école de
Jérusalem* rendrait dans son genre les mêmes services que l'école
française d'Athènes. Le climat, les lieux, les mœurs, les ruines, tout
inspirerait; on marcherait sur les traces de nos savants, de nos bien-
veillants, de nos courageux explorateurs, MM. de Vogüé, Victor Gué-
rin et de Saulcy; on fouillerait le pays en archéologue et en chré-
tien; on étudierait les langues sémitiques; on se pénétrerait de l'a-
mour de cet Orient sacré dont on ne peut jamais parler sans respect et sans émotion. Puissé-je ne pas mourir avant de voir mon
vœu se réaliser! Quoi qu'il en advienne, pour la langue hébraïque,
pour la philologie sémitique, rien n'est comparable à Paris aux leçons de M. Bargès.

Ce n'est pas tout : outre les cours, il y a les grades, et ces grades,
trop méconnus par M. Delarc, sont, comme le disait Mgr Darboy, *au
moins le signe et la récompense du savoir*. Or Dieu donne le génie ou

le talent ; mais ce savoir ne s'obtient qu'à force de travail, et par conséquent il est méritoire.

Que faut-il donc pour obtenir les grades théologiques ?

Les épreuves du baccalauréat sont au nombre de deux :

1° L'examen oral, qui comprend l'introduction à la théologie, les traités de Dieu, de la religion et de l'Église, les principes de la morale chrétienne, l'histoire ecclésiastique des premiers siècles, et les questions générales d'Écriture sainte ;

2° Une thèse écrite en latin et soutenue devant la Faculté.

Pour la licence, il faut :

1° Subir un premier examen oral sur la théologie sacramentelle et morale ;

2° Répondre à un second examen oral sur l'histoire ecclésiastique du moyen âge, sur une très-grande partie de l'Écriture sainte et sur les principes du droit canonique ;

3° Écrire et soutenir deux thèses sur les mêmes matières.

Enfin, pour obtenir le grade de docteur, il est nécessaire :

1° De subir un examen oral sur les traités de la sainte Trinité, de l'Incarnation, de la grâce, sur l'histoire ecclésiastique moderne, sur les livres moraux du Nouveau Testament, et enfin sur le détail du droit canon ;

2° De présenter et soutenir une thèse imprimée.

Pour donner quelque idée de l'importance de ces thèses, je vais en donner la liste exacte depuis le décanat de Mgr Maret.

Thèses présentées et soutenues sous le décanat
de Mgr l'évêque de Sura.

1854.

Thèse de M. l'abbé Bargès, *Sur l'autorité de l'Église.*

Thèse de M. Lavigerie, depuis auditeur de Rote et évêque de Nancy, actuellement archevêque d'Alger, série de propositions sur l'ensemble de la théologie.

1855.

Thèse de M. Freppel, présentement évêque d'Angers, propositions sur l'ensemble de la théologie.

M. l'abbé Jacquemet, depuis chanoine de Saint-Denis, *Sur les fausses Décrétales.*

M. Cruice, alors supérieur de l'École des Carmes, et depuis évêque de Marseille, *les Philosophumena.*

1856.

M. l'abbé Bourgeat (Lyon), *Études sur Vincent de Beauvais*, 251 pages.

M. Hugonin, professeur aux Carmes, maintenant évêque de Bayeux, *l'Ontologisme*, 520 pages.

M. l'abbé Maricourt, professeur et depuis supérieur de Juilly, maintenant chanoine d'Angers, *De l'Idée de Dieu*, 47 pages.

M. l'abbé Lagrange, depuis vicaire général d'Orléans, *La raison et la foi ou Études sur la controverse entre Celse et Origène*, 194 pages.

M. l'abbé Regnier, actuellement archiprêtre de Saint-Claude, *De l'interprétation allégorique de l'Ancien Testament*.

1857.

M. l'abbé Lecanu, *Sur les livres sibyllins*, 152 pages.

M. Bourret, maintenant évêque de Rodez, *De l'origine du pouvoir civil*, 55 pages.

M. l'abbé Duilhé de Saint-Projet (Toulouse), *La science sacrée en France au dix-septième siècle*, 106 pages.

M. l'abbé Fabre, chanoine honoraire de Paris, *De la juridiction contentieuse dans l'Église*, 108 pages.

M. l'abbé Davin (Lyon), *De la morale sociale et politique dans la Bible*, 217 pages.

1858.

M. l'abbé Anglade, *Controverse sur l'Eucharistie pendant le onzième siècle*, 155 pages.

M. l'abbé Bordier, mort vicaire de la Madeleine, à Paris, *Le catéchuménat pendant les premiers siècles de l'Église*, 154 pages.

M. l'abbé Blampignon, professeur aux Carmes, *Sermons de saint Bernard, avec textes inédits*, 217 pages.

M. l'abbé de Cassan-Floirac, curé à Paris, *Le rationalisme devant la raison*, 178 pages.

M. l'abbé Goux, curé du diocèse de Toulouse, *Du développement des dogmes dans la doctrine catholique*, 142 pages.

M. l'abbé Jallabert, vicaire à Paris, *Hermas et Simonidès*, 124 pages.

M. l'abbé Petit (Lyon), *La divinité de Notre-Seigneur Jésus-Christ, d'après les témoignages des martyrs*, 98 pages.

M. l'abbé Roche, depuis premier aumônier de Louis-le-Grand, *Controverse entre saint Étienne et saint Cyprien*, 95 pages.

1859.

M. l'abbé Badiche (Paris), *De l'influence de saint Bernard sur son siècle*, 100 pages.

M. l'abbé Bayle (Marseille), *Étude sur saint Prudence*, 151 pages.

M. l'abbé Charpentier (Versailles), *Les lettres de saint Cyprien, ou l'Église de Carthage au troisième siècle*, 102 pages.

M. l'abbé Martin (Strasbourg), *Vincent de Lérins*, 88 pages.

1860.

M. l'abbé Bourquard, actuellement premier aumônier du collége Rollin, *Exposition des principes de la morale chrétienne*, 106 pages.

1861.

M. l'abbé Perreyve (Paris), *Des caractères de la véritable Église*, 568 pages.

1863.

M. l'abbé Dourif (Clermont), *Du stoïcisme et du christianisme*, 320 pages.

M. l'abbé Loyson, chanoine honoraire de Troyes, vicaire de Sainte-Clotilde, *Le sacrement de mariage*, 87 pages.

M. l'abbé Barral (Montpellier), *Études sur saint Athanase le Grand*, 202 pages.

1864.

M. l'abbé Dormagen (Nancy), *Saint Hilaire de Poitiers et l'Arianisme*, 163 pages.

M. l'abbé Tilloy (Paris), *Essai de conciliation entre l'Église latine et l'Église grecque non unie*, 106 pages.

M. l'abbé Malé, *Les missionnaires*, 545 pages.

1865.

Le R. P. Adolphe Perraud, de l'Oratoire, *L'Oratoire de France au dix-septième et au dix-neuvième siècles*, 521 pages.

1866.

M. l'abbé Ferret (Évreux), *La divinité de Jésus attaquée par Celse et défendue par Origène*, 155 pages.

M. l'abbé Lausser, *Gerbert*, 579 pages.

M. l'abbé Delacroix, *Saint Cyrille*, 252 pages.

1867.

M. l'abbé Vollot, *Du système chronologique de Manéthon*, 158 pages.

Le R. P. Lescœur, de l'Oratoire, licencié en droit, docteur ès lettres, *Le règne temporel de Jésus-Christ*, 562 pages.

Le R. P. Méric, de l'Oratoire, *Du droit et du devoir*, 183 pages.

1868.

M. l'abbé Deramey, curé au diocèse de Meaux, *Défense du quatrième Évangile*, 567 pages.

M. l'abbé Lambert, vicaire de Notre-Dame-des-Victoires, *Le déluge mosaïque*, 133 pages.

1869.

M. l'abbé Bernard, docteur ès lettres, lauréat de l'Institut, chapelain de Sainte-Geneviève, *Les origines de l'Église de Paris*, 244 pages.

III

Voilà des œuvres et des ouvriers. Eh quoi, c'est en présence de tant de travail, de tant d'étude, de tant d'évêques et de prêtres éminents ; c'est vis-à-vis de tant de gens du monde qui affluent aux cours ; c'est en face de ces vies studieuses et désintéressées, que M. Delarc vient prétendre que nos facultés sont *une institution coûteuse qui, telle qu'elle est, demeure sans action et sans influence*[1]. Coûteuse ! oui, mais aux seuls yeux de la féerique imagination qui crée les MILLIONS que fournirait l'État pour son existence[2].

Serait-ce donc le trait caractéristique du génie français de déprécier ainsi toujours ce qu'on a, de vouloir l'écraser et l'anéantir, et, sous prétexte d'un fantastique idéal, d'effacer toutes les traces du passé ? On lâche la proie pour l'ombre. Hélas ! les constructions qui ne sont pas établies sur le terrain solide de l'histoire et de la tradition, mais sur le sable mouvant de l'idée du jour, s'effondrent et s'engloutissent, sans même laisser quelques ruines dont puissent profiter les générations suivantes. Le sage et le prudent, c'est d'abord de savoir se servir de ce qu'on possède, tout en songeant à l'améliorer. Le propriétaire anglais respecte son vieux château et le restaure ; dans d'autres pays, on commence par abattre le manoir paternel en rêvant un édifice neuf, ravissant et complet ; et on se ruine ou on meurt avant que d'avoir élevé le premier étage. Réagir, démolir, détruire au lieu de continuer et de perfectionner, quelle utopie dangereuse ! Par une chimérique présomption, on voudrait dater de soi seul. Eh ! aimons donc mieux notre passé ; il a

----

[1] M. Delarc, p. 26.
[2] M. Delarc, p. 20.

du bon ; l'œuvre de nos pères n'est pas si détestable ni si méprisable ; soyons plus fiers de ce qui nous a précédés et plus humbles à l'égard de l'avenir. Achevons le livre, et, si nos efforts sont impuissants, conservons-le du moins tel qu'il est, pieusement et respectueusement, mais, sur toute chose, n'allons pas follement le jeter aux flammes. Les révolutions n'ont déjà que trop détruit.

Sachons donc être équitables en présence d'œuvres aussi vraiment scientifiques. Ne faut-il pas quelque courage et quelque dévouement à des prêtres accablés par les travaux du ministère, comme le sont les vicaires et les aumôniers de Paris, pour écrire de semblables thèses, préparer de tels examens, subir de pareilles épreuves! N'ont-ils pas aussi une très-réelle vaillance d'esprit, ces curés de village qui, privés de ressources et de bibliothèques, savent ainsi renouveler et élargir le champ de leurs études? Et ces travaux, suscités et dirigés par la Faculté, n'honorent-ils pas le prêtre, et ne le rendent-ils pas plus utile à l'Église, quelque humble que demeure sa position. M. l'abbé Delarc dira peut-être que les supérieurs ne tiennent pas compte à ces zélés de ces fatigues, de ces persévérants travaux, de ces grades, en un mot[1]. Pourquoi? Et d'ailleurs qu'importe? La science porte en elle-même son prix et sa récompense. Et il faut travailler non point par ambition personnelle, chose toujours étroite et misérable, mais par le pur amour du savoir lui-même, et par le goût du bien. Ce qui corromprait précisément ce fruit délicieux de l'étude, ce serait le ver honteux de l'intérêt particulier. Au reste, quoi qu'on fasse, après la piété, la science désintéressée est le plus digne ornement du prêtre, et sa ressource comme sa sûreté. Même à la campagne, il y a sur le front de l'homme des études fortes et sérieuses une auréole qui attire le respect et la sympathie de tous.

De son côté, la Faculté n'a-t-elle pas fait tout ce qui est humainement possible? Ne s'est-elle pas attiré la considération de l'Église, de l'État, de l'Université? N'a-t-elle pas su conquérir un auditoire aussi nombreux que distingué? Ne lutte-t-elle pas dignement avec les autres facultés, qui ont pour elles les faveurs et les honneurs des gouvernements? N'a-t-elle pas puissamment contribué à répandre dans le clergé et dans le monde même le goût des lettres chrétiennes et de l'érudition ecclésiastique? Ne mérite-t-elle pas enfin, selon la devise de son éminent doyen, cet éloge des esprits sincères, loyaux, attentifs aux choses, et sans préjugé, que vraiment *elle travaille et fait travailler les autres?*

Tandis que, en tous les sens, dans ce vaste et actif Paris, la science

---

[1] « Les grades ne sont pas ordinairement pris en considération, lorsqu'il s'agit de nommer à un évêché ou à un autre bénéfice ecclésiastique. » M. Delarc, p. 16.

s'étend et se bâtit des palais, la Faculté du moins conserve, autant qu'elle peut, son édifice théologique arraché comme par miracle au tourbillon destructeur de la révolution. Elle n'attend plus qu'une chose, cette bénédiction apostolique dont l'a privée l'orage de la fin du dernier siècle. Voilà ce qu'elle regrette seulement et ce qu'elle souhaite avec ardeur, contente de son rang modeste, de son sort plus modeste encore, pleinement satisfaite si elle sert l'Église et le pays, sans demander plus.

Osons espérer que nous verrons bientôt cet heureux résultat de tant d'efforts, cette restauration complète de l'édifice sacré.

Saint Martin avait le cœur si large, si grand, qu'il ne songeait pas seulement à la pauvreté physique, et qu'il n'ouvrait pas seulement sa maison à la nudité corporelle, mais qu'il donnait la féconde hospitalité de Marmoutiers aux livres des anciens, les faisant même se multiplier sous la main de ses moines, et transmettant ainsi à nos Gaules la richesse intellectuelle de l'Orient et de l'Italie.

Un nouvel archevêque nous vient du tombeau même de ce saint Martin, si cher à la piété de nos ancêtres, illustre lui aussi par sa vaste sollicitude, qui s'étend à tout. Plaise à Dieu que, prenant dans son cœur la faculté de théologie de Paris, il la porte avec lui aux pieds du vicaire de Jésus-Christ pour en recevoir la parole d'adoption qu'elle ambitionne comme le plus fécond des encouragements et comme la plus belle des récompenses !

PARIS.   IMP. SIMON RAÇON ET COMP., RUE D'ERFURTH, 1.

FACULTÉS DE THÉOLOGIE

DE FRANCE

PARIS. — IMP. SIMON RAÇON ET COMP., RUE D'ERFURTH 1.